LE TRIOMPHE DE L'AMOUR

OPERA;

REPRE'SENTE' PAR L'ACADEMIE ROYALE DE MUSIQUE,

Le Vendredy onziéme jour de Septembre 1705.

A PARIS,

Chez CHRISTOPHE BALLARD, ſeul Imprimeur du Roy pour la Muſique, ruë S. Jean de Beauvais, au Mont-Parnaſſe.

M. DCC. V.

Avec Privilege de Sa Majeſté.

LE PRIX EST DE TRENTE SOLS.

PREFACE

L'ACADEMIE ROYALE DE MUSIQUE, s'est toûjours fait une loy de donner les Ouvrages de Monsieur *de Lully*, tels qu'ils étoient, au sortir des mains de leur illustre Auteur; & si elle s'en dispense en cette occasion, elle se flatte que pour peu qu'on veüille faire attention aux motifs qui l'y ont portée, on loüera son zele, loin de blâmer sa hardiesse. *LE TRIOMPHE DE L'AMOUR* fit le plaisir, & l'admiration de la Cour, & de la Ville, la premiere fois qu'il parut sur la Scene: Monsieur *de Lully*, & Monsieur *Quinault* n'y perdirent aucun des droits qu'ils s'étoient justement acquis sur les suffrages. Cependant il faut avoüer que la pompe du Spectacle, & l'auguste presence des Princes, des Princesses, & de la plûpart des Seigneurs, & des Dames de la Cour qui danserent dans ce Ballet luy presterent des agréments infinis. Cela est si vray, que lorsqu'on a redonné cet Opera, dépoüillé de ces derniers avantages, il n'a pas eû le même succés. Quelque justice qu'on ait rendu à l'excellence de la Musique, & à la beauté des Paroles, on a senty que le cœur n'y étoit pas entierement satisfait, & que les diverses Actions répanduës dans tout le corps de l'Ouvrage, n'étoient ni assez liées ni assez interessantes; on se voyoit même réduit à le laisser dans l'oubly, si l'Academie Royale de Musique attentive à tout ce qui peut contribuer à la gloire de son Orphée, ne se fût avisée de remplacer par quelque nouveauté les magnifiques Décorations qu'on y avoit perduës. On les y auroit bien remises; mais le Public auroit payé ce plaisir trop cher, puisqu'il auroit fallû fermer le Theatre pour quelques mois. Voilà ce qui a donné lieu aux changements qu'on trouvera dans ce Ballet, & l'on se flatte que les Spectateurs seront bien-aise de voir rétablir un Divertissement qui leur rappelle une époque aussi précieuse que celle d'un Mariage, dont les fruits doivent éterniser la gloire, & le bonheur de deux Empires. On n'ignore pas que ce fût à l'occasion du Mariage de MONSEIGNEUR, que *LE TRIOMPHE DE L'AMOUR* fût représenté à Saint

Germain en Laye, l'An 1681. & la France doit trop à ce Prince, qui est ses plus cheres délices, pour ne pas aimer tout ce qui a du rapport avec luy. L'Academie Royale de Musique s'y voit encore plus étroitement engagée, & la protection singuliere dont ce grand Prince l'honore, luy fait un devoir indispensable de se dévoüer toute entiere à ses plaisirs.

Peut-elle assez pour luy, faire éclater son zele?
Quelquefois à ses Jeux, il daigne prendre part,
Et son auguste Aspect rend la Scene plus belle,
Que tout ce qu'elle doit à la pompe de l'Art.
Quel est le bonheur d'un Ouvrage,
Qui peut s'attirer son suffrage!
Il ne sçauroit tomber avec un tel appuy;
Mais de quelque succés que son aveu réponde,
Si l'on veut plaire à tout le monde,
On le doit apprendre de luy.

Comme c'est un secret qu'aucun Auteur n'a encore trouvé, ceux qui ont composé la Musique, & les Paroles dont ce Ballet est augmenté, n'ont garde d'aspirer à ce bonheur, ils s'attendent même qu'on leur fera un crime d'avoir retranché des beautez dont ils n'ont pû dédomager le Public; mais ils promettent de les placer ailleurs, & il en reviendra deux plaisirs pour un. Au reste, on n'a pas crû qu'il fût necessaire d'imprimer les Additions, d'un caractere qui les distinguât du reste de l'Ouvrage, la difference de stile se fera assez sentir sans cette précaution; & l'Auteur des nouvelles paroles se croiroit trop heureux si l'on pouvoit quelquefois prendre le change.

LE TRIOMPHE DE L'AMOUR.

PROLOGUE.

PERSONNAGES CHANTANTS.

VENUS, Mademoiselle Desmâtins.

PLAISIRS, DIVINITEZ, & PEUPLES.

PERSONNAGES DANSANTS.

GRACES.

Mesdemoiselles Saligny, Morancourt, & Nadal.

DRIADES.

Mesdemoiselles Provost, & Guyot.

JEUX.

Messieurs Dumirail, & Javilliers.

PLAISIRS.

Messieurs Blondy, & Ferrand.

PEUPLES DE LA SUITE DE VENUS.

Monsieur Dangeville-L.

Messieurs Germain, Dumoulin-L., Dumoulin-C., & Dumoulin le Jeune.

AMOURS.

Messieurs Pierret, Gillet, Laporte, & Salé.

NOMS DES ACTRICES, ET DES ACTEURS chantants dans tous les Chœurs du Prologue, & de l'Opera.

MESDEMOISELLES.

Cénet.	Baſſet.	Dujardin.	Cochereau.
Dupeyré.	Vincent.	Pouſſin.	Baſſet-C.
Duval.	Loignon.	Demerville.	Aubert.
Guillet.		Joubert.	

MESSIEURS.

Prunier.	La Coſte.	Deſvoys.	Lebel.
Courteil.	Cadot.	Mantienne.	Boutelou-fils.
Solé.	Jolain.	Alexandre-L.	Perere.
Renard.	Bertrand.	Alexandre-C.	Paris.
Fournier.	Dacqueville.	Le Jeune.	

LE TRIOMPHE DE L'AMOUR,

PROLOGUE.

Le Théatre représente un lieu magnifique, dispoſé pour recevoir l'AMOUR.

VENUS, DIVINITEZ, & PEUPLES, placez autour du Theatre.

VENUS.

UN Heros que le Ciel fit naître
Pour le bonheur de cent Peuples divers,
Aime mieux calmer l'univers,
Que d'achever de s'en rendre le maître.

Il cherche à rendre heureux jusqu'à ses Ennemis:
Tout est par ses Travaux dans une paix profonde;
Ce n'est plus qu'à l'Amour qu'il peut estre permis
De troubler le repos du monde.

Tranquiles Cœurs, préparez-vous
A mille secrettes allarmes;
Vous perdrez ce repos si doux,
Dont vous estimez tant les charmes;
Mais les troubles d'amour ont cent fois plus d'attraits,
Que la plus douce paix.

Nymphes des eaux, Nymphes de ce boccage,
Faites briller vos plus charmants appas:
Plaisirs, Graces, suivez mes pas,
Qu'avec nous tout s'engage
A célebrer la gloire de mon Fils;
Dieux qu'il a surmontez, Mortels qu'il a soûmis,
Venez luy rendre hommage.
L'Amour, le Vainqueur des Vainqueurs,
Va triompher de tous les cœurs.

CHOEUR.

L'Amour, le Vainqueur des Vainqueurs,
Va triompher de tous les cœurs.

LES GRACES, LES DRYADES, LES NAÏADES, & les PLAISIRS, viennent accompagner VENUS.

VENUS.

Si quelquefois l'Amour cause des peines,
Que c'est un danger, qu'il est doux de courir!
Ce Dieu charmant sous ses plus rudes chaînes,
Fait aimer les maux qu'il fait souffrir:
Faut-il les craindre?
Faut-il s'en plaindre?
Qui les ressent n'en veut jamais guerir.

Fieres Beautez, vos rigueurs seront vaines,
Tout cede à l'Amour, tout se laisse attendrir.
Ce Dieu charmant sous ses plus rudes chaînes,
Fait aimer les maux qu'il fait souffrir:
Faut-il les craindre?
Faut-il s'en plaindre?
Qui les ressent n'en veut jamais guerir.

DEUX PLAISIRS.

Un cœur toûjours en paix, sans amour, sans desirs,
Est moins heureux que l'on ne pense:
Les plaisirs de l'indifference
Sont d'ennuyeux plaisirs.

Les maux que fait l'Amour, ses chagrins, ses soûpirs,
Ne sont des maux qu'en apparence:
Les plaisirs de l'indifference
Sont d'ennuyeux plaisirs.

VENUS, & LES PLAISIRS.

Non, non, il n'est pas possible
De contraindre un cœur sensible
A n'aimer jamais:
C'est pour l'Amour que tous les cœurs sont faits.

VENUS.

Contre un Dieu si charmant quel cœur est invincible?

VENUS, & LES PLAISIRS.

On fuit en vain d'inévitables traits.
C'est pour l'Amour que tous les cœurs sont faits.

VENUS, les PLAISIRS, le CHOEUR des DIVINITEZ & des PEUPLES.

Non, non, il n'est pas possible
De contraindre un cœur sensible
A n'aimer jamais:
C'est pour l'Amour que tous les cœurs sont faits.

FIN DU PROLOGUE.

PREMIERE ENTRE'E.

PERSONNAGES CHANTANTS.

MARS,	Monſieur Thevenard.
VENUS,	Mademoiſelle Deſmâtins.
L'AMOUR,	Monſieur Boutelou-fils.
UN GUERRIER,	Monſieur Cochereau.
UN PLAISIR,	Monſieur Choplet.

PERSONNAGES DANSANTS.

GUERRIERS.

Monſieur Blondy.

Meſſieurs Ferrand, Dumoulin-L., Germain, Dumirail, Dangeville-L. & Dumoulin le Jeune.

AMOURS.

Meſſieurs Pierret, Gillet, Laporte, & Salé.

GRACES.

Meſdemoiſelles Dangeville, Morancourt, & Nadal.

DEUXIE'ME ENTRE'E.

PERSONNAGES CHANTANTS.

AMPHITRITE, Mademoiselle Journet.

NEPTUNE, Monsieur Dun.

AGLAURE, *Confidente d'Amphitrite*, Melle Poussin.

PERSONNAGES DANSANTS.

TRITONS.

Monsieur Balon.

Messieurs Dumirail, Dangeville-C., Dumoulin-C., & Dumoulin le jeune.

NEREIDES.

Mesdemoiselles le Conte, Bassecourt, Provost, & Saligny.

TROISIEME ENTREE.

PERSONNAGES CHANTANTS.

DIANE,	Mademoiſelle Pouſſin.
ENDIMION,	Monſieur Boutelou-fils.
LA NUIT,	Mademoiſelle Dupeyré.
LE MYSTERE,	Monſieur Chopelet.
LE SILENCE,	Monſieur Hardoüin.

PERSONNAGES DANSANTS.

NYMPHES DE DIANE.

Mademoiſeille Subligny.

Meſdemoiſelles Saligny, Morancourt, Guyot, & Nadal.

SONGES.

Monſieur Dumoulin-C.

Meſſieurs Dumoulin-L., Germain, Dangeville-L., Dangeville-C., Javillier, & Marcel.

QUATRIEME ENTRÉE.

PERSONNAGES CHANTANTS.

ARIANE, Mademoiselle Journet.

BACHUS, Monsieur Thevenard.

SUIVANT de Bachus, Mr. Hardoüin.

UNE INDIENE, Mademoiselle Loignon.

AUTRE INDIENE, Mademoiselle Vincent.

PERSONNAGES DANSANTS.

GRECQUES.

Mesdemoiselles Dangeville, Bassecourt, Morancourt, Provost, & Nadal.

INDIENS.

Messieurs Germain, Dumoulin-L., Dumoulin le Jeune, Dangeville-L., & Dumoulin-C.

MORE, & MORESQUE.

Monsieur Dangeville-L., & Mademoiselle le Conte.

LE TRIOMPHE

LE TRIOMPHE DE L'AMOUR, *OPERA.*

PREMIE'RE ENTRE'E.

Le Théatre représente le Mont-Ethna. On voit les Forges de VULCAIN dans un Antre, au fond du Théatre.

SCENE PREMIERE.

MARS, & sa SUITE.

MARS.

J'AY répandu par tout les horreurs de la guerre,
Tout s'empresse à suivre mes loix;
l'Amour pour les Mortels si charmãt autrefois,
Avec l'heureuse Paix est banny de la terre.
Vous que la Gloire attache sur mes pas,
Et qui n'aimez que les allarmes,
Guerriers, préparez-vous à de nouveaux combats:
C'est icy que Vulcain pour ranimer vos bras
Doit forger de nouvelles armes.

Tandis que je l'attends, goûtez jeunes Heros,
Les douceurs de ces lieux paisibles,
Allez, allez aprés des soins penibles,
La Gloire vous permet un moment de repos.

La SUITE de MARS se retire.

SCENE DEUXIEME.

MARS seul.

MAis quels concerts se font entendre!
Ah! le sommeil vient me surprendre
Parmy ces bruits harmonieux,
La lumiere du jour se dérobe à mes yeux.
Dormons, je ne puis m'en deffendre.

MARS s'endort.

L'AMOUR descend des Cieux, & vole sur le Théatre; suivy de deux autres AMOURS.

SCENE TROISIEME.

L'AMOUR, MARS endormy.

L'AMOUR.

JE puis donc me venger de mon fier Ennemy,
Le Cruel méprise mes charmes;
Ah! tandis qu'il est endormy
Otons luy ses terribles armes;
Que le plus perçant de mes traits
Luy rende, s'il se peut, tous les maux qu'il m'a faits.

L'AMOUR désarme MARS, le blesse, & s'envole.

SCENE QUATRIEME.

VENUS, MARS endormy.

VENUS.

L'Amour, jaloux de sa puissance,
A-t'il pris soin de ma vengeance?

Que vois-je! Mars est en ces lieux!
Qui l'a pû desarmer ce Dieu si redoutable!
Est-ce mon Fils? ô Ciel! dois-je en croire à mes yeux?
Quoy! ce Dieu toûjours indomptable,
Pourroit du tendre Amour reconnoître la loy?
Il a jusqu'à ce jour désolé mon Empire;
Mais qu'il craigne ma haine, & si son cœur soûpire,
Qu'il se garde sur tout de soûpirer pour moy.

MARS s'éveillant sans appercevoir VENUS.

D'un indigne repos c'est trop goûter les charmes.

Il apperçoit VENUS.

Allons... mais qu'est-ce que je vois?
Quel éclat m'éblouït! Que d'attraits à la fois!
C'est Venus, & mon cœur luy rend déja les armes.
Fuyons ses dangereux appas.
Où vais-je! Ah! malgré-moy l'Amour retient mes pas.

VENUS.

J'aurois pû t'inspirer une fatale flâme,
Cruel! que n'est-il vray? que mon sort seroit doux!
De quels tourments affreux j'accablerois ton ame!

MARS.

Est-ce un crime si grand que de brûler pour vous?

VENUS.

Non, aux yeux de Venus, l'Amour n'est pas un crime,
Et tu n'as que trop tard reconnu son pouvoir;
A me venger de toy, c'est-là ce qui m'anime.

MARS.

Quoy! pour moy la pitié ne peut vous émouvoir?

VENUS.

Quand tu ravageois mon Empire,
Ton cœur à la pitié s'est-il laissé toucher.

MARS.

Vous n'avez pas besoin de me le reprocher;
Je connois tout, mon crime & mon cœur en soûpire:
Pour m'en punir! helas, que ne puis-je mourir,
Si je ne puis vous attendrir?

VENUS.

Qu'il m'est doux d'entendre les plaintes
Que l'Amour arrache à ton cœur;
Plus tu sens de vives atteintes,
Et plus je sens augmenter ma rigueur.

MARS.

Cruelle, se peut-il que l'Amour le plus tendre
Ne fasse qu'augmenter vôtre haine pour moy?
Est-ce là de Venus ce que je dois attendre?

VENUS.

Pourquoy m'as-tu forcée à me venger de toy?

MARS.

Et bien, achevez mon supplice,
Que de vos cruautez rien n'arreste le cours;
Aux yeux de l'Univers montrez vôtre injustice,
Je ne m'en vengeray, qu'en vous aimant toûjours.

VENUS.

Qu'entens-je! ah s'il se peut, redevenez coupable,
Ma haine contre vous s'anime vainement,
Et vous étiez moins redoutable
Comme Guerrier, que comme Amant.

Que fais-je! quelle est ma foiblesse!
Quoy! faut-il que mon ame en secret s'interesse
Pour un Dieu dont la rage a tout remply d'horreur?

MARS.

Oubliez toute ma fureur,
Et ne songez qu'à ma tendresse.

VENUS.

Que ne puis-je encor vous haïr!
Je sens de doux transports dont ma fierté s'offense;
Et mon Fils qu'avec moy j'ay crû d'intelligence,
Est le premier à me trahir.

MARS.

Quoy ! vous seriez sensible à ma cruelle peine ?

VENUS.

Je vous ay malgré moy hay jusqu'à ce jour ;
Je cede en vous aimant au penchant qui m'entraîne ;
Et je sens bien que la Mere d'Amour
N'a pas un cœur fait pour la haine.

MARS.

Ah ! c'en est trop ; Venus est sensible à mes feux ,
De tous les Immortels je suis le plus heureux.

ENSEMBLE.

Qu'une même ardeur nous enflâme ,
Qu'elle fasse nôtre bonheur ;
Puisse le tendre amour qui regne dans mon ame ,
Regner toûjours dans vôtre cœur !

On entend un bruit de Trompettes.

MARS.

Que ce bruit importun n'ait rien qui vous étonne ,
Mes Guerriers prés de moy s'assemblent en ces lieux ;
Mais vous l'emporterez par l'éclat de vos yeux
Et sur la Gloire , & sur Bellonne.

SCENE CINQUIE'ME.

MARS, VENUS, Suite de MARS.

MARS.

UN nouveau feu dont je suis animé,
Succede à mon ardeur guerriere:
N'en soyez pas surpris, les yeux qui m'ont charmé,
Triomphent aisément de l'ame la plus fiere.
Rendez hommage à des appas
Qui forcent tous les cœurs à leur rendre les armes;
La Mere des Amours, par l'éclat de ses charmes,
Triomphe du Dieu des combats.

CHOEUR.

Rendons hommage à des appas
Qui forcent tous les cœurs à leur rendre les armes;
La Mere des Amours, par l'éclat de ses charmes,
Triomphe du Dieu des combats.

VENUS.

J'aime à vous voir pour moy signaler vôtre zele;
Mais pour rendre ces jeux plus doux à nos regards,
Il faut que ma Cour immortelle
S'unisse avec celle de Mars.
Graces, Plaisirs, Amours, venez de toutes parts.

Entrée des GRACES, des PLAISIRS, & des AMOURS.

VENUS.

Que chacun à l'envy s'appreste
A célébrer un si beau jour;
Est-il de plus charmante feste?
Mars est d'accord avec l'Amour.

CHOEUR.

Que chacun à l'envy s'appreste
A célébrer un si beau jour;
Est-il de plus charmante feste?
Mars est d'accord avec l'Amour.

Les GRACES, & les AMOURS enchaînent les HEROS avec des liens de fleurs.

HEROS de la suite de MARS.

Souffrons que l'Amour nous enchaîne,
C'est le plus charmant des Vainqueurs:
En vain de ces plaisirs nous éloignons nos cœurs,
Un doux penchant nous y rameine.

UN GUERRIER.

Chantons dans ces Retraites
Les plus douces loix
Sur les Trompettes.

UN PLAISIR.

UN PLAISIR.

Chantons dans ces Retraites
Les plus grands exploits
Sur les Haut-bois.

LE GUERRIER.

La gloire nous permet un tendre choix.

Chantons dans ces Retraites
Les plus douces loix
Sur les Trompettes.

LE PLAISIR.

Chantons dans ces Retraites
Les plus grands exploits
Sur les Haut-bois.

LE GUERRIER.

Aimons, laiſſons-nous enflâmer.
Tout doit aimer.

Chantons dans ces Retraites
Les plus douces loix
Sur les Trompettes.

LE PLAISIR.

Chantons dans ces Retraites
Les plus grands exploits
Sur les Haut-bois.

LE PLAISIR, aux GUERRIERS.

Suivez l'Amour, ſuivez la gloire,
Soyez Amants, ſoyez Guerriers,
Si vous aimez à chercher la Victoire,
Ainſi que Mars, l'Amour a ſes lauriers.

FIN DE LA PREMIERE ENTRE'E.

SECONDE ENTRÉE.

Le Théatre représente le rivage de la Mer.

SCENE PREMIERE.

AMPHITRITE seule.

Fierté, severe Honneur, vous deffendez d'aimer;
Mais pour garder nos cœurs, nous donnez-vous
des armes ?
Ah ! que n'empêchez-vous que l'Amour ait des charmes,
Si vous ne voulez pas qu'il puisse nous charmer !

SCENE DEUXIE'ME.

AMPHITRITE, AGLAURE,

AGLAURE.

Quoy! viendrez-vous toûjours rêver sur ce rivage?
Déesse, vous fuyez vos Nymphes avec soin;
De vos secrets ennuis, ne puis-je estre témoin?
Souffrez que mon cœur les partage.

AMPHITRITE.

Et pourquoy veux-tu pénétrer
Ce qui fait mon inquietude?
Moy-même en ce moment je voudrois l'ignorer.

AGLAURE.

Quand vous cherchez la solitude,
N'est-ce pas pour y soûpirer?

AMPHITRITE.

Helas!

AGLAURE.

Neptune vous adore,
A ce tendre soûpir n'auroit-il point de part?

AMPHITRITE.

Je voudrois le haïr: mais, helas! chere Aglaure!
Je crains de le vouloir trop tard.

AGLAURE.

Lorsqu'un Amant fidelle & tendre
Cherche à nous emflâmer ;
A quoy sert-il de se deffendre?
L'on ne sçauroit trop-tôt l'aimer.

AMPHITRITE.

Mon cœur fut toûjours insensible,
La seule indifference eut pour moy des attraits ;
Que ne m'est-il encor possible
D'éviter de l'Amour les redoutables traits?

AGLAURE.

L'Amour est-il si redoutable?

AMPHITRITE.

Est-il un Dieu plus dangereux!
Plus il se montre favorable,
Plus il rend un cœur malheureux.

AGLAURE.

Ah! vôtre injustice est extrême,
Insensible jusqu'à ce jour,
Vous aimez enfin qui vous aime,
Et vous vous plaignez de l'Amour!

Ne craignez vous pas sa vengeance?
Il est prompt à punir quand il est outragé.

AMPHITRITE.

J'ay perdu mon indifference,
Il n'est déja que trop vengé.

Que je veux de mal à Neptune
D'avoir sçû m'inspirer une fatale ardeur?
L'Amant a beau flatter mon cœur,
Je sens que l'Amour m'importune:
Tu vois avec quel soin je le fuis chaque jour,
Je ne le fuyrois pas, s'il n'avoit point d'amour.

AGLAURE.

Pourquoy fuir un Amant si tendre,
Et contre son Amour qui peut vous animer?

AMPHITRITE.

Il veut me contraindre à l'aimer,
Et ce n'est qu'en fuyant que je puis m'en deffendre.

AGLAURE.

N'irritez pas un Dieu, dont le vaste pouvoir
N'en trouve point qu'il ne balance,
Craignez qu'il ne se porte à quelque violence,
S'il est réduit au desespoir.

AMPHITRITE.

Quoy! Neptune pourroit .. Ah! mortelles allarmes!

AGLAURE.

Hâtez-vous de le rendre heureux.

ENSEMBLE.

A l'Amour { rendons / rendez } les armes,
Rien n'est plus doux que de sentir ses feux;
C'est un bien remply de charmes;
Pourquoy faut-il en faire un mal affreux?

Je vois Neptune qui s'avance,
Que ne puis-je éviter sa fatale présence!

NEPTUNE.

Cedez, belle Amphitrite à mes soins amoureux,
Cedez à ma perseverance.
Je tiens la vaste Mer sous mon obeïssance;
J'ouvre & ferme à mon gré ses gouffres les plus creux.
Je souleve les flots, & je puis quand je veux,
Calmer leur violence:
Mais quelle que soit ma puissance,
Si je ne puis fléchir vôtre cœur rigoureux,
Je ne puis jamais estre heureux

AMPHITRITE.

Ah! qu'un fidelle Amant
Est redoutable!
J'avois juré de fuir un tendre engagement,
Je ne le croyois pas un mal inévitable:
Pourquoy m'obligez-vous à rompre mon serment?
Ah! qu'un fidelle Amant
Est redoutable!
Que n'aimez-vous moins constamment?
Je goûtois un repos aimable,
Vous m'ostez un bien si charmant.
Ah! qu'un fidelle Amant
Est redoutable!

NEPTUNE.

Quoy! je puis voir enfin cesser vôtre rigueur.

AMPHITRITE.

Malgré-moy, vôtre amour vainqueur
Me réduit à me rendre:
Vous n'auriez pas mon cœur,
S'il pouvoit encore se deffendre.

ENSEMBLE.

Il faut aimer, c'est un fatal destin,
Qui croit s'en affranchir s'abuse:
L'Amour arrache à la fin
Le tribut qu'on luy refuse.

NEPTUNE.

Divinitez qui me faites la cour,
Admirez avec moy le pouvoir de l'Amour.

Les Dieux de la Mer, & les Nereïdes viennent se réjoüir du bonheur de NEPTUNE, & témoignent leur joye par leurs danses.

SCENE TROISIE'ME.

NEPTUNE, AMPHITRITE.

ENSEMBLE.

Que tout célébre icy la gloire
Du puissant Dieu qui fait aimer:
Puisqu'il a sçû nous enflâmer,
Il doit sur tous les Dieux remporter la victoire.

CHOEUR.

Que tout célébre icy la gloire
Du puissant Dieu qui fait aimer:
Puisqu'il a sçû nous enflâmer,
Il doit sur tous les Dieux remporter la victoire.

ENSEMBLE.

C'est en vain qu'à l'Amour on se veut opposer,
L'atteinte de ses traits n'en est que plus profonde.
Son empire est l'écüeil où se viennent briser
Les plus superbes cœurs du monde.
C'est en vain qu'à l'Amour on se veut opposer,
Il n'est rien de si froid qu'il ne puisse embrâser,
Il brûle jusqu'au sein de l'onde.
C'est en vain qu'à l'Amour on se veut opposer,
L'atteinte de ses traits n'en est que plus profonde.

AMPHITRITE.

Un cœur qui veut estre volage
Se laisse aisément engager:
Mon cœur mal-aisément s'engage,
Mais c'est pour ne jamais changer.

ENSEMBLE.

Avant que de prendre une chaîne,
Peut-on trop long-temps y songer?
Il faut s'engager avec peine,
Quand c'est pour ne jamais changer.

CHOEUR.

Que tout célébre icy la gloire
Du puissant Dieu qui fait aimer:
Puisqu'il a sçû nous emflâmer,
Il doit sur tous les Dieux remporter la victoire.

FIN DE LA SECONDE ENTRE'E.

TROISIE'ME ENTRE'E.

Le Theatre repréſente un Bois, conſacré à DIANE.

SCENE PREMIERE.

DIANE, Nymphes de DIANE.

DIANE.

VA, dangereux Amour, va, fuy loin de ces bois,
Je veux y conſerver la paix & l'innocence.
Les plus grands Dieux t'ont cedé mille fois,
Et je prétens toûjours te faire réſiſtance.
Plus on voit de grands cœurs aſſervis à tes loix,
Plus il eſt beau de braver ta puiſſance.
Va dangereux Amour, va, fuy loin de ces bois,
Je veux y conſerver la paix & l'innocence.

Les Nymphes de DIANE danſent, & témoignent la joye qu'elles ont d'eſtre exemptes des peines de l'Amour, & de joüir des douceurs de la liberté.

DIANE.

Un cœur maître de luy-même
Est toûjours heureux.
C'est la liberté que jayme,
Elle comble tous mes vœux,
Un cœur maître de luy-même
Est toûjours heureux.
Fuyons la contrainte extréme
D'un esclavage amoureux.
Un cœur maître de luy-même
Est toûjours heureux.

Dans ces Forests, venez suivre nos pas
Vous qui voulez fuir l'Amour & ses flâmes:
C'est vainement qu'il menace nos ames,
Tous ses efforts n'en triomphent pas.
Malgré l'Amour, au mépris de ses armes,
Nôtre fierté ne se rend jamais;
Malgré ses traits,
Nous vivons sans allarmes,
Malgré ses traits,
Nous vivons en paix.

Ce Dieu si fier, si terrible, & si fort,
Perd son pouvoir, quand on veut s'en deffendre,
S'il est des cœurs qu'il oblige à se rendre,
C'est qu'en secret ils en sont d'accord.
Malgré l'Amour, au mépris de ses armes,
Nôtre fierté ne se rend jamais,
Malgré ses traits
Nous vivons sans allarmes,
Malgré ses traits
Nous vivons en paix.

DIANE apercevant ENDIMION.

Mais, qu'est-ce que je vois, quel Mortel téméraire
Ose se montrer à mes yeux.

SCENE DEUXIE'ME.

DIANE, Nymphes de DIANE, ENDIMION.

DIANE.

ARreste, jeune Audacieux,
Tremble, crain ma juste colere;
Que viens-tu chercher en ces lieux?

ENDIMION.

Mon troupeau dans ces Bois erroit à l'aventure,
En pleine liberté je le laissois aller:
L'approche de la nuit obscure,
M'a contraint à le rassembler.
C'est-la l'unique soin qui prés de vous m'appelle,
Belle Nymphe, le sort conduit icy mes pas,
M'en faites-vous un crime? helas!
Vous n'avez pas besoin d'estre injuste & cruelle,
Je suis assez puny, quand je vois tant d'appas.

DIANE à part.

Qu'entens-je...... Par quel nouveau crime
Vient-il irriter mon courroux?
Suivons sans differer la fureur qui m'anime,
Faisons-luy ressentir mes plus terribles coups:
Que par des traits inévitables
Il perde pour jamais la lumiere des Cieux.

ENDIMION.

Ah! vos traits les plus redoutables
Sont ceux qui partent de vos yeux!
Frappez, achevez vôtre ouvrage,
Donnez-moy le trépas, il me sera trop doux:
Percez un cœur qui vous outrage;
Je seray trop heureux de mourir par vos coups.

DIANE à part.

Quelle indigne pitié s'oppose à ma vengeance?
Quand je ne dois montrer qu'un courroux inhumain
Il m'aime, est-il pour moy de plus sensible offense?
Mais preste à l'en punir, douvient que je balance?
Les traits me tombent de la main.

Elle laisse tomber ses fleches.

En vain ma fierté le condamne,
Helas! plus je le vois, & plus je m'attendris.

à ENDIMION.

Va, fuy, mais pour jamais, & sçache que Diane,
Ne te pardonne qu'à ce prix.

ENDIMION.

Diane, ô Ciel!

DIANE.

Du sort qui te menace
Hâte-toy de te garentir.

ENDIMION.

Vous l'ordonnez, il faut partir,
Déesse, mais en vain je connois mon audace,
Je ne sçaurois m'en repentir.

Il se retire, DIANE rêve quelque temps au bruit d'une douce Symphonie.

SCENE TROISIE'ME.

DIANE, Nymphes de sa Suite.

UNE NYMPHE.

REprenons nos chants d'allegresse,
Rien n'en trouble plus la douceur,

DIANE.

Allez, retirez-vous : un nouveau soin me presse,
Ne soyez plus témoin du trouble de mon cœur.

Les Nimphes se retirent.

Qu'ay-je vû! quelle ardeur fatale,
Des yeux de ce Berger a passé jusqu'à moy,
Que devient pour l'Amour mon horreur sans égale?
Mon cœur avec plaisir se soûmet à sa loy!
Ah! défions-nous de ses charmes ;
Guerissons s'il se peut, d'un mal encor naissant,
Il me cause déja de mortelles allarmes :
Que ne fera-t'il point s'il devient plus puissant?

Mais la nuit icy bas vient ramener les ombres,
Cachons-nous sous ses voiles sombres.

SCENE QUATRIE'ME.

LA NUIT, DIANE cachée.

LE MYSTERE, LE SILENCE

Troupe de Songes.

LA NUIT.

VOicy le favorable temps
Où tous les cœurs doivent estre paisibles.
Le Silence revient, fuyez Bruits éclatants :
Reposez-vous, Travaux penibles.
Cœurs agitez de soins, & de desirs flotants,
Soyez calmez dans ces heureux instants:
Oubliez vos ennuis, Cœurs tendres, Cœurs sensibles,
Que l'Amour ne rend pas contents.
Voicy le favorable temps
Où tous les cœurs doivent estre paisibles.

LE MYSTERE.

On ne peut trop cacher les secrets amoureux.
Estends, obscure Nuit, tes voiles les plus sombres:
Pren soin de redoubler tes ombres
En faveur des Amants heureux:
On ne peut trop cacher les secrets amoureux.

LA

LA NUIT.

Il eſt des Nuits charmantes
Qui valent bien les plus beaux jours.
Le calme & le repos ſont un puiſſant ſecours,
Pour ſoulager les ames languiſſantes.
L'ombre eſt favorable aux amours;
Il eſt des Nuits charmantes
Qui valent bien les plus beaux jours.

LE MYSTERE.

L'Amour heureux doit ſe taire
Son bonheur ne dure guére
Lors qu'il ne le cache pas.
Le Myſtere
En doit faire
Les plus doux appas.

LA NUIT.

Amants, ne craignez rien, l'ombre vous ſert d'azile,
Veillez, heureux Amants, les Plaiſirs les plus doux
Veilleront avec vous.

Le SILENCE s'aproche du MYSTERE & de la NUIT, & les exhorte à ſe taire.

LE SILENCE.

Que tout ſoit tranquile,
Taiſons-nous.

LE MYSTERE.

L'éclat eſt dangereux, le ſecret eſt utile,
Amants, veillez ſans bruit, il n'eſt que trop facile
D'éveiller les facheux Jaloux.

LE SILENCE.

Que tout soit tranquile,
Taisons-nous.

LA NUIT, LE MYSTERE, & LE SILENCE.

Que tout soit tranquile,
Taisons-nous.

DIANE vaincue par l'AMOUR, & honteuse de sa défaite, vient prier la NUIT de luy donner du secours.

DIANE.

Je ne puis plus braver l'Amour & sa puissance,
Endimion m'a paru trop charmant;
Mon trouble s'accroît quand j'y pense,
Et malgré moy j'y pense à tout moment.

Mon cœur, qui fut si fier, se lasse enfin de l'estre
Dans des liens honteux il demeure engagé:
Je trouve mon cœur si changé
Que j'ay peine à le reconnoistre,
J'ay trop bravé l'Amour, & l'Amour s'est vangé.

Nuit charmante & paisible,
Tu rends le calme à l'Univers,
Helas! rend-moy s'il est possible,
Le repos que je pers.

LA NUIT.

L'Amour veille quand tout repose,
Il va troubler les cœurs qu'ils a contraint d'aimer.
Le premier trouble qu'il cause,
Est difficile à calmer.

DIANE.

Malgré tous mes efforts un trait fatal me blesse,
Et du fonds de mon cœur je ne puis l'arracher.
Qui ne peut vaincre sa foiblesse
Doit au moins la cacher.

Sombre Nuit, cache-moy s'il se peut, à moy-même,
Prete à mon cœur troublé tes voiles tenebreux,
Pour couvrir son desordre extréme ;
Cache à tout l'Univers la honte de mes feux,
Dérobe ma foiblesse aux yeux de ce que j'ayme,
Sombre Nuit, cache-moy s'il se peut, à moy-même.

DIANE se retire.

LA NUIT.

Vous, qui fuyez la lumiere & le bruit,
Songes, rassemblez-vous dans mon obscur empire ;
Secondez-moy, c'est l'Amour qui m'instruit,
A charmer la rigueur d'un amoureux martyre.
Executez ce qu'il m'inspire :
Qu'Endimion en dormant soit conduit
Où Diane en secret soûpire
Songes, obeïssez aux ordres de la Nuit.

Les SONGES s'assemblent & se preparent à servir DIANE suivant les ordres de la NUIT.

CHOEUR DES SONGES.

Exécutons ce que l'Amour inspire,
Qu'Endimion en dormant soit conduit
Où Diane en secret soûpire,
Obeissons aux ordres de la Nuit.

Les SONGES dansent, Endimion paroist endormy au fonds du Théatre.

UN SONGE.

Qu'un tendre cœur est flaté par un songe,
Qui de ses maux suspend le triste cours;
Il ne sçait pas que c'est un doux mensonge,
Mais il voudroit qu'il pût durer toujours.

Les SONGES continuent leurs Danses.

TROIS SONGES.

Un songe heureux n'est rien qu'une imposture,
Qui se dissipe avec la nuit obscure;
Mais ne dût-il durer qu'un seul moment,
Du moins ce bien charmant,
Enchante autant qu'il dure.

FIN DE LA TROISIE'ME ENTRE'E.

QUATRIE'ME ENTRE'E.

Le Théatre repréſente l'Iſle de Naxe : on voit un vaiſſeau qui s'en éloigne.

SCENE PREMIERE.

ARIANE, FILLES GRECQUES de ſa Suite.

ARIANE.

Theſée eſt donc party ? Dieux ! quelle chaîne il briſe !
Arreſte, où fuy-tu, cher Amant ?
Helas ! l'onde luy rit, le vent le favoriſe,
Je le rappelle vainement ;
Que vas tu devenir, malheureuſe Ariane,
Vous, Monſtres de ces bois, venez finir mon ſort,
Les maux où l'Amour me condamne,
Sont plus horribles que la Mort.

Mais parmy ces rochers, quels bruits ſe font entendre !
A quel nouveau malheur mon cœur doit-il s'attendre ?

SCENE DEUXIE'ME.

ARIANE, BACHUS, & leurs Suites.

ARIANE.

QUoy ! je revois encore des Mortels en ces lieux.

BACHUS.

Quel Objet enchante mes yeux !

ARIANE.

Fuyons leur présence importune,

BACHUS.

Ah ! demeurez.

ARIANE.

O Ciel ! quelle est mon infortune !

BACHUS.

Pourquoy m'ôter un bien que je trouve si doux ?

ARIANE.

Non, laissez-moy.

BACHUS.

Que craignez-vous ?
Quel sort vous a conduit en ce lieu solitaire !
D'où naissent vos soûpirs ? Qui fait couler vos pleurs ?

ARIANE.

Ariane est mon nom, & Minos est mon Pere.
Un Perfide, qui m'a sçû plaire,
Cause mes mortelles douleurs.

BACHUS.

Un Perfide ! eh ! qui pourroit l'estre
Auprés de si charmants appas ?
Mais quoy, de vôtre cœur il est encor le maitre ;
Pourquoy s'il vous trahit, ne l'oubliez-vous pas ?

ARIANE.

Mon dépit, mon repos, ma gloire,
Tout me dit d'oublier un indigne Vainqueur ;
Mais comment le bannir de ma triste mémoire,
Si je ne puis, helas ! le bannir de mon cœur !

BACHUS.

Vengez-vous, le Dépit, la Gloire, tout l'ordonne,
D'une chaîne fatale il faut vous dégager ;
Un Perfide vous abandonne,
Souffrez qu'un cœur fidelle ait soin de vous venger.

ARIANE.

Eh ! parmy les Mortels, est-il un cœur fidelle ?

BACHUS.

Les Dieux garderont mieux leur foy.
Un Fils de Jupiter soûmis à vôtre Loy,
Vous jure une amour éternelle ;
Vous le voyez à vos genoux
Bachus n'aima jamais, & veut n'aimer que vous.

ARIANE.

Qu'entens-je ? un Dieu pour moy soûpire !
Quel triomphe est plus glorieux !

BACHUS.

Suivez les doux transports qu'un tendre amour inspire.

ARIANE.

Non, ne m'engagez plus sous l'amoureux empire,
Je dois me défier des Mortels, & des Dieux.

BACHUS.

Punissez qui vous outrage,
Montrez un dépit éclatant;
Mais pour mieux punir un Volage,
Couronnez un Amant constant.

ARIANE.

Me venger d'un Volage est ma plus chere envie,
Je n'y sens dans mon cœur un penchant que trop doux;
Mais si j'étois réduite à me venger de vous,
Je ne le pourrois de ma vie.

BACHUS.

Faut-il par des serments rassûrer vôtre cœur?

ARIANE.

Thesée m'en avoit fait, m'en a-t'il moins trahie?

BACHUS.

Vous voulez par vôtre rigueur
Me punir de sa perfidie.

ARIANE.

Non ce n'est pas sur vous que je dois me venger
D'une infidelité cruelle;
Mais s'il se peut encore je dois fuïr le danger
De trop aimer un Infidelle.

BACHUS.

Ah! vous cachez en vain vos injustes mépris,
Je lis jusqu'au fond de vôtre ame;
Je veux n'aimer que vous, rien n'égale ma flâme,
L'indifference en est le prix.

ARIANE.

ARIANE.

Si je n'avois pour vous que de l'indifference,
Mon cœur seroit moins allarmé;
Et vous n'estes que trop aimé,
Puisque je crains vôtre inconstance.

BACHUS.

Vous m'aimez, dites-vous!

ARIANE.

Je ne le devrois pas.
Mais le cruel Amour à moy-même m'arrache,
Il a mille rigueurs qu'avec soin il me cache,
Je ne vois plus que ses appas.
Helas! me serez-vous fidelle?

BACHUS.

Moy, je pourrois brûler d'une flâme nouvelle!
Plus l'amour est constant, & plus il a d'attraits,
Aymons, aymons-nous à jamais.

ARIANE, ET BACHUS.

Plus l'amour est constant, & plus il a d'attraits,
Aymons, aymons-nous à jamais.

BACHUS, aux INDIENS.

Fidelles Temoins de ma gloire,
Célébrez de l'Amour la nouvelle victoire;
Le plus grand de tous les Vainqueurs,
Est celuy qui sçait l'art de triompher des cœurs.

LE CHOEUR.

Le plus grand de tous les Vainqueurs,
Est celuy qui sçait l'art de triompher des cœurs.

UN INDIEN.

Bachus revient vainqueur des climats de l'Aurore,
Il traîne aprés son char mille peuples vaincus :
Il méprisoit l'Amour, mais l'Amour est encore
Un Vainqueur plus puissant mille fois que Bachus.

Il aime enfin, sa fierté se désarme ;
D'un seul regard Ariane le charme ;
A ce superbe cœur l'Amour donne des fers.

Bachus n'a triomphé du Monde qu'avec peine,
Et qu'aprés cent travaux divers
L'Amour sans effort enchaîne
Le Vainqueur de l'Univers.

DEUX INDIENES.

Non, la plus fiere Liberté
Contre l'Amour n'est pas en sûreté
Entre les bras de la Victoire.

L'éclat de mille exploits d'éternelle memoire
N'exempte pas des tourments amoureux,
On n'est pas moins atteint d'un mal si dangereux
Pour estre au comble de la gloire.

Non, la plus fiere Liberté
Contre l'Amour n'est pas en sûreté,
Entre les bras de la Victoire.

L'INDIEN.

Tout ressent les feux de l'Amour,
Sa flâme va plus loin que la clarté du jour.

L'INDIENE.

Rien ne respire
Qui ne soûpire.

AUTRE INDIENE.

Dans les plus froids climats
Est-il un cœur qui ne s'enflâme pas?

L'INDIEN.

Plus loin que le Soleil dans sa vaste carriere
Ne porte la lumiere,
De l'amoureuse ardeur on ressent les appas.

LES DEUX INDIENES.

Tout l'Univers seroit sans ame,
S'il n'estoit penetré d'une si douce flâme.

TOUS.

Tout ressent les feux de l'Amour,
Sa flâme va plus loin que la clarté du jour.

Les INDIENS de la suite de BACHUS, & les Filles Greques de la suite d'ARIANE, se réjoüissent de voir ARIANE & BACHUS touchez d'une amour mutuelle.

ENTRE'E D'INDIENS ET D'INDIENES.

TOUS.

Pourquoy tant se contraindre
Pour garder son cœur?
Eh! quel mal peut-on craindre
De l'Amour vainqueur?

UNE INDIENE.

On se plaint sans raison d'être sensible:
Tous les biens, sans l'Amour, sont des biens imparfaits,
On se lasse d'un cœur toûjours paisible,
On s'ennuye à la fin d'une trop longue paix

TOUS.

Pourquoy tant se contraindre
Pour garder son cœur?
Eh! quel mal peut-on craindre
De l'Amour vainqueur?

Le Divertissement continüe.

TOUS.

Quelle heureuse foiblesse!
Quel heureux tourment!
Non, l'Amour ne nous blesse,
Que d'un trait charmant.

UNE INDIENE.

Ses douleurs font verser de douces larmes;
Il accroît les plaisirs par ses allarmes;
Il nous cause des maux dont les Dieux sont jaloux:
Ah! quel cœur peut tenir contre ses charmes!

L'INDIEN ET LES DEUX INDIENES.

Ah! cedons, rendons-nous,
Rendons les armes:
Ah! cedons à ſes coups,
Il n'eſt rien de ſi doux.

TOUS.

Quelle heureuſe foibleſſe!
Quel heureux tourment!
Non, l'Amour ne nous bleſſe,
Que d'un trait charmant.

FIN DE LA QUATRIE'ME ET DERNIERE ENTRE'E.

PRIVILEGE GENERAL.

LOUIS PAR LA GRACE DE DIEU, ROY DE FRANCE ET DE NAVARRE: à nos amez & feaux Conseillers, les Gens tenant nos Cours de Parlement, Maîtres des Requêtes ordinaires de nôtre Hôtel, Grand Conseil, Prévôt de Paris, Baillifs, Senéchaux, leurs Lieutenants Civils, & à tous autres nos Justiciers qu'il appartiendra; SALUT: Nôtre bien amé le Sieur JEAN NICOLAS DE FRANCINI, l'un de nos Conseillers, Maître d'Hôtel ordinaire, interessé conjointement avec le Sieur HYACINTHE DE GAUREAULT Sieur DU DUMONT, l'un de nos Ecuyers ordinaires, & de nôtre tres-cher & bien amé Fils le Dauphin, au Privilege que nous leur avons accordé, pour l'Academie Royale de Musique, par nos Lettres Patentes du 30. Decembre 1698. Nous ayant fait remontrer qu'il desiroit donner au Public un RECUEIL GENERAL DES OPERA, REPRESENTEZ PAR L'ACADEMIE ROYALE DE MUSIQUE, DEPUIS SON ETABLISSEMENT, ET QUI SERONT REPRESENTEZ CY-APRE'S, s'il nous plaisoit luy accorder nos Lettres de Privilege sur ce necessaires, attendu les grandes dépenses qu'il convient faire, tant pour l'Impression que pour la Gravure en Taille-douce des Planches dont ce Livre sera orné. Nous avons permis & permettons par ces presentes audit Sr DE FRANCINI, de faire imprimer ledit RECUEIL par tel Imprimeur, & en telle forme, marge, caractere que bon luy semblera, en un ou plusieurs Volumes, conjointement ou separément, & de le faire vendre & distribuer dans tout nôtre Royaume, pendant le temps de six années consecutives, à compter du jour de la datte des présentes. FAISONS DEFENSES à tous Imprimeurs, Libraires, & à tous autres de quelque qualité & condition qu'ils puissent être, de contrefaire ledit RECUEIL en tout, ni en partie; ni même les Planches & Figures qui l'accompagnent, & d'en faire venir ni vendre d'impression étrangere, sans le consentement par écrit de l'Exposant, ou de ceux à qui il aura transporté son Droit, à peine de trois mille livres d'amende contre chacun des contrevenants dont un tiers à l'Hôtel-Dieu de Paris, un tiers à l'Exposant, & l'autre au Dénonciateur, de confiscation des Exemplaires contrefaits, que nous voulons être saisies par tout où ils se trouveront, & de tous dépens, dommages & interests: à la charge que ces présentes seront registrées és Registres de la Communauté des Imprimeurs & Libraires de Paris, que l'impression desdits Opera, sera faite dans nôtre Royaume, & non ailleurs, & ce en bon Papier & en beau Caractere conformement aux Reglements de la Librairie, & qu'avant que de l'exposer en vente, il en sera mis deux Exemplaires dans nôtre Bibliotheque publique, un dans le Cabinet des Livres de nôtre Château du Louvre, & un dans celle de nôtre tres-cher & feal Chevalier Chancellier de France le Sieur Phelypeaux, Comte de Pontchartrain Commandeur de nos Ordres; le tout à peine de nullité des présentes: du contenu desquelles, nous vous mandons & enjoignons de faire joüir l'Exposant, ou ses ayants cause pleinement & paisiblement, sans souffrir qu'il leur soit fait aucun trouble ou empêchement. VOULONS que la copie de ces présentes, qui sera imprimée, dans ledit Livre, soit tenuë pour bien & dûëment signifiée, & qu'aux copes collationnées, par l'un de nos amez & feaux Conseillers-Secretaires, foy soit ajoûtée comme à l'Original. COMMANDONS au premier nôtre Huissier ou Sergent sur ce requis, de faire pour l'exécution des présentes, tous Actes requis & necessaires, sans demander autre permission, nonobstant Clameur de Haro, Charte Normande, & Lettres à ce contraires: CAR tel est nôtre plaisir. DONNE' à Versailles le dixiéme jour de Juin, l'An de grace 1703. Et de nôtre Regne, le soixante-uniéme. Par le ROY, en son Conseil. Signé, LE COMTE, avec Paraphe, & scellé.

Ledit Sieur DE FRANCINI a fourny le present Privilege à *Christophe Ballard*, seul Imprimeur du Roy pour la Musique, pour en joüir en son lieu & place, suivant leurs conventions

Registré sur le Livre de la Communauté des Imprimeurs & Libraires, conformément aux Reglements, A Paris le 12 Juin 1703. Signé TRABOUILLET, Syndic.

www.ingramcontent.com/pod-product-compliance
Lightning Source LLC
LaVergne TN
LVHW020626110826
845149LV00004B/1061

* 9 7 8 2 0 1 2 1 5 0 1 4 0 *